AF765967

www.ingramcontent.com/pod-product-compliance
Lightning Source LLC
LaVergne TN
LVHW010809051026
849532LV00007B/2495
* 9 7 8 9 3 6 9 0 8 6 4 1 2 *

آشوبِ غم

(مجموعہ کلام)

خالد کفایت

© Khalid Kifayat
Aashoob-e-Gham *(Poetry Collection)*
by: Khalid Kifayat
Edition: October '2025
Publisher :
Taemeer Publications LLC (Michigan, USA / Hyderabad, India)

ISBN 978-93-6908-641-2
9 789369 086412

مصنف یا ناشر کی پیشگی اجازت کے بغیر اس کتاب کا کوئی بھی حصہ کسی بھی شکل میں بشمول ویب سائٹ پر اَپ لوڈنگ کے لیے استعمال نہ کیا جائے۔ نیز اس کتاب پر کسی بھی قسم کے تنازع کو نمٹانے کا اختیار صرف حیدرآباد (تلنگانہ) کی عدلیہ کو ہو گا۔

© خالد کفایت

کتاب	:	**آشوبِ غم** (مجموعہ کلام)
مصنف	:	**خالد کفایت**
صنف	:	شاعری
ناشر	:	تعمیر پبلی کیشنز (حیدرآباد، انڈیا)
سالِ اشاعت	:	۲۰۲۵ء
صفحات	:	۱۳۴
سرورق ڈیزائن	:	تعمیر ویب ڈیزائن

شعری سفر کے رہنما

اُستاذِ مکرم

آنجہانی نوبہار صابر

——— اور ———

مرحوم دوست

سلامت علی ظفر

کی زندہ و تابندہ یادوں کے نام

ہدیۂ تشکّر

قتیل شفائی

عارف عبدالمتین

بشیر منذر

سورج تنویر

حفیظ صدیقی

راجندر سنگھ ورما سوز

تحسین فراقی

جمیل النبی کلیم کشتر

ایم آئی شمیم

خالد کفایت کی شاعری ایک ایسے شخص کے جمالیاتی محاصلات کا آئینہ ہے جو عرصۂ حیات میں یوں کھڑا ہے کہ اس کے پاؤں اپنی دھرتی پر مضبوطی سے جمے ہوئے ہیں اور جس کا سر آسمان کی رفعتوں سے ہمکنار ہے جس کی جذباتی تحریکات کی سیرابی گنگا جمنا کی ثقافتی لہروں سے ہوتی ہے اور جس کی فکری و روحانی پیاس دجلہ و فرات کی تہذیبی موجوں نے بجھائی ہے ۔۔۔۔ یہی وجہ ہے کہ ہمیں ان کی فنی شخصیت ایک ایسے دلآویز سنگم پر استوار نظر آتی ہے جسے اس توازن و اعتدال کا مظہر قرار دیا جا سکتا ہے جو مختلف طبیعیاتی اور مابعد الطبیعیاتی ضابطوں کے بہترین عناصر کے تال میل سے ظہور میں آتا ہے۔ جس کی بدولت فن میں ایک ایسی آفاقیت در آتی ہے جو بالآخر اسے اعلیٰ ترین انسانی اقدار کا اعلان نامہ بنا دیتی ہے۔ اور فنکار حسن، خیر، عالمگیر محبت، عدل و انصاف، معاشرتی و معاشی مساوات، وفا، ہمدردی، ایثار و جاں سپاری کی مثبت قوتوں کی حمایت میں بدصورتی، شر، نفرت، بے انصافی، معاشرتی و معاشی تفریق، بے وفائی، بے حسی اور خود غرضی کی منفی قوتوں سے نبرد آزما ہونے کے لیے نظریاتی اور عملی ہر دو سطح پر عیسیٰؑ، کبھی منصورؒ، کبھی سقراطؒ کبھی شبیرؓ اور کبھی رام کے عظیم کرداری سانچوں میں اپنے آپ کو ڈھالنے میں مصروف نظر آتا ہے اور کہیں فرہاد کے تیشے کہیں سوہنی کے گھڑے اور کہیں سیتا کے حفاظتی دائرے کا انمول روپ دھارنے پر مستعد دکھائی دیتا ہے اور ظاہر ہے کہ یہ مصروفیت اور مستعدی بیک وقت ایک مہیب آزمائش بھی ہے اور ایک ارفع اعزاز بھی ۔۔۔ جس کے دوران فنکار کو ایک ایسے ہمہ گیر "آشوب غم" سے گزرنا پڑتا ہے جس نے خالد کفایت کے پُرمایہ مجموعۂ کلام کے لیے دلپذیر نام بھی فراہم کیا ہے اور خالد کفایت نے جس کا ایک مقام پر "غم حسینؑ" کے حوالے سے صحت مندانہ تعین بھی کیا ہے اور جس کو بجا طور پر اپنا رختِ سفر بھی ٹھہرایا ہے۔

ان منکسرانہ معروضات کے ساتھ میں "آشوب غم" کا ایک جدید تخلیقی مرقع کے طور پر مخلصانہ خیر مقدم کرتا ہوں۔

عارف عبدالمتین (لاہور)

۲۶ ستمبر ۱۹۸۵ء

خالد کفایت کی غزل سے یہ میری پہلی ملاقات ہے ۔لیکن یہ آخری ملاقات ہرگز نہیں ہے ۔ یہ ایسی ملاقات ہے جس کے بعد مزید ملاقاتوں کو جی چاہتا ہے ۔ خالد صاحب کی جن چند غزلوں اور ان سے بھی کم نظموں کو پڑھنے کا موقع ملا ان سے میرا تاثر یہ بنتا ہے کہ وہ شاعری میں اور بالخصوص غزل میں تازہ کاری اور جدّت طرازی کا ہنر برتنے کی ہمّت ، حوصلہ اور صلاحیت رکھتے ہیں اور ان کا قلم حقیقت نگار اور حقیقت آثار ہے ۔گہرا ذہنی شعور انکی شخصیت کا حصّہ ہے اور آفاقی اقدار ، ان کا سرمایہ ۔

وہ ہجر اور اس کے کرب کی کہانی بھی کہتے ہیں اور خارج میں حد نگاہ تک پھیلی بستیوں کی منافقتوں اور مصیبتوں کی جانب بھی اشارہ کرتے چلے جاتے ہیں ۔لیکن یہ سب کچھ تازہ تمثال کاری ، نئے طرزِ احساس حقیقت میں نگاہ اور جدید طرزِ اظہار کے تال میل سے وجود میں آتا ہے ۔ بحروں اور ردیفوں کی تازہ کاری اور بندشوں کی چستی نے بھی کہیں کہیں ان کے یہاں جادو جگایا ہے ۔ ان کی بعض غزلوں کا ہندی رنگ بھی متاثر کئے بغیر نہیں رہ سکتا۔

غزل وہ نک چڑھی صنفِ سخن ہے جو ہر رستہ چلنے والے کو اپنی حریم میں در نہیں آنے دیتی ۔اس کے مطالبے اور شرائط لاتعداد اور لا محدود ہیں ۔ خالد کفایت ان مطالبات سے واقف اور ان شرائط سے آگاہ ہیں ۔اس لئے اگر ان کا شعری سفر خلوص ، محنت ، مشق ممارست اور دقّتِ مشاہدہ کے جلو میں جاری رہا تو غزل کے نئے سے نئے امکانات بھی چھو لیں گے ۔

تحسین فراقی

شعبۂ اردو

یونیورسٹی اورینٹل کالج لاہور

۲۸ اپریل ۱۹۸۵ء

مالیر کوٹلے کے مردم خیز اور ادب پرور شہر کے باسی، جدید فکر اور کلاسیکی ادب کے جواں ترنگ شاعر خالد کفایت صاحب کا ذکر اب ادبی گلی کوچوں میں عام ہے۔ مشقِ سخن کرتے ابھی انھیں مشکل سے پندرہ سال گذرے ہوں گے لیکن کلام میں فکر و فن کی پختگی کا وہ رنگ نمایاں ہوگیا ہے جو نصف صدی کے بعد اساتذہ کے کلام میں پیدا ہوتا ہے۔

خالد صاحب کے کلام میں شخصیت کا رچاؤ نہایت جاذبِ نظر ہے اور جو شخصیت انکے کلام کے مطالعہ سے ابھرتی ہے وہ ایک شریف النفس، پُرخلوص اور دردمند انسان کی شخصیت ہے ان کا تعلق مالیر کوٹلہ کے ایک نہایت ممتاز علمی اور ادبی خانوادے سے ہے۔ ان کے والد ماجد جناب محمد کفایت اللہ مالیر کوٹلہ کی کلچرل فکر ہیں۔ انہی کی علمی ادبی اور روحانی فیض رسانی نے خالد صاحب کے فہم و شعور کو سنوارا ہے اور انھیں شعر و ادب کی لازوال دولت عطا کی ہے۔

خالد صاحب کی شاعری کا آغاز اس لحاظ سے بہت خوشگوار ہے کہ انھوں نے اپنی ذات کو اپنے لئے محبس نہیں بنالیا ہے بلکہ تازہ ہوا اور کھلی دھوپ سے اکتسابِ فن کیا ہے۔ ان کا فنّی شعور روشنی اور خوشبوؤں کا متلاشی ہے۔ انھوں نے زندگی کو قریب سے دیکھا ہی نہیں بلکہ محسوس بھی کیا ہے۔ یہی وجہ ہے کہ ان کے کلام میں زندگی کی بھرپور چمک اور رمق ہے ان کے یہاں عہدِ جدید کے انسان کی تہذیبی اور معنوی کشمکش کا سراغ بھی ملتا ہے۔ اور ایک ایسی حساس آنکھ کا وژن بھی، جو یاس کے اندھیروں میں بھی امیّد کی کرن تلاش کر لیتا ہے۔

خالد صاحب کسی ایک مکتبِ فکر و سخن سے الحاق کرنے کے بجائے اپنے فن کا سہارا لیتے ہیں وہ وادیٔ تقلید میں بھی گلگشت کرتے ہیں اور نئی راہوں کی طرف بھی گھومتے دکھائی دیتے ہیں۔ وہ حقائق کے سلجھے ہوئے ادراک کے شاعر ہیں لمحے کا کرب، اور ذات کا عرفان ان کے خاص موضوع ہیں۔ ان کے یہاں جدید فکر اور جدید احساس تار و پود کی طرح ایک دوسرے سے گندھے ہوئے ہیں۔ اصلاً وہ دروں بین فنکار ہیں لیکن ان کے فن میں ان تمام خارجی مسائل کی دھمک موجود ہے جو ہمارے دَور کا مقدر بن چکے ہیں۔

ان کے اس پہلے شعری مجموعے میں شامل نظمیں اعلیٰ پایہ کی ہیں لیکن ان کا اصل میدان غزل ہی ہے

جدید غزل کی طے شدہ تمام صفات ان کی غزلوں میں براجمان ہیں۔ لیکن ابھرتی ہوئی صفت خلوصِ فن ہے جس کے صدقے ان کی شاعری بے پناہ تاثیر کی حامل ہے۔ ان کے یہاں نہ سطحی جوش ہے نہ کسی نئے عقیدے کی چسک اور نہ تجزیہ اور طنز کی تمنا۔ تازگی ایسی کہ جدید شاعری کے بڑے بڑے کج کلاہ ان سے مصافحہ کرنا فخر سمجھیں گے، ہمواریٔ کلام ایسی کہ دائیں ہاتھ سے ورق اُلٹیے یا بائیں طرف سے کوئی فرق نہیں پڑتا۔

خالد صاحب کے کلام میں حیرت استعجاب کا بیش بہا عنصر موجود ہے ان کے یہاں ایک گمبھیر غمگین اور سوچتی ہوئی فضا ہے۔ خلوص اور دردمندی کے جذبے ان کے اشعار میں تازہ لہو کی طرح دوڑتے نظر آتے ہیں۔

ہر شعر فن کی پابندی اور زبان کی صفائی کا مظہر ہے۔ ان کے اشعار میں عام گفتگو کے سادہ انداز پائے جاتے ہیں۔ نہ کوئی تصنع نہ الفاظ کی ریاکاری اور نہ کوئی پوز۔ ان کے شعر میں آورد نظر نہیں آتی۔

"آشوبِ غم" خالد صاحب کے تخلیقی سفر کا پہلا اہم کوس ہے۔ وہ اس کوس سے دوسرے کڑے کوسوں کی طرف ثابت قدمی سے بڑھتے دکھائی دیتے ہیں۔ آگے چل کر وہ کیا بنتے ہیں اس کا تعین تو ان کا خداداد جوہر اور ان کا مخلصانہ ریاض کرے گا لیکن جو وہ آج ہیں اس کی داد تو دیتے چلیں۔

خالد صاحب ایک سچے شاعر ہیں ان کی غزل قاری کے ساتھ براہِ راست ہمکلام ہوتی ہے اور متاثر کرتی ہے۔ اس میں فکر کی روشنی اور فن کی مہک شامل ہے اور یہ ایک ایسا شعری مجموعہ ہے جس سے روشنیوں اور رنگوں کی جوالا پھوٹتی ہے۔

راجندر سنگھ ورما سوز

ڈیپارٹمنٹ آف انگلش اینڈ امریکن سٹڈیز پنجابی یونیورسٹی پٹیالہ

۱۵ ارمئی ۱۹۸۴ء

دعا

کب کہتا ہوں شمس و قمر دے یا اللہ
اپنی چاہت، اپنا ڈر دے یا اللہ

جیون پتھ پر جیسے میل کا پتھر ہوں
مجھ کو بھی ہنگامِ سفر دے یا اللہ

یہ شب تیرے بندوں پر بھاری ہے بہت
اب اِن کو سوغاتِ سحر دے یا اللہ

اے معبود نہ ساکت و صامت کر مجھ کو
شور سے بہتا دریا کر دے یا اللہ !

چاروں طرف ہیں جنگل گھور اندھیروں کے
سینے میں چنگاریاں بھر دے یا اللہ

بھٹک رہا ہوں میں سپنوں کے صحرا میں
تعبیروں کی راہگزر دے یا اللہ !

تیری قدرت میری فہم سے بالا تر
بس مجھ کو دیوانہ کر دے یا اللہ

جلتے ریگستان سے لوٹ کے آیا ہوں
سرسبز و شاداب نگر دے یا اللہ !

جو نیزوں کی انیوں پر بھی جھول سکے
میرے کاندھوں پر وہ سر دے یا اللہ

سورج سے بھی آنکھ ملا کر بات کروں
مجھ کو وہ بے باک نظر دے یا اللہ

اُڑنا چاہوں لامحدود فضاؤں میں
مجھ کو ان تھک بال و پر دے یا اللہ

دائم چلتے رہنا میری قسمت لکھ
ہر دم، ہر پل نئی ڈگر دے یا اللہ

بخش مجھے اجداد کا ذوقِ بینائی
یا آنکھوں کو پتھر کر دے یا اللہ

جنگل بستی صحرا کب تک بھٹکوں گا؟
جس کو اپنا کہوں وہ گھر دے یا اللہ

جس کے نیچے بیٹھ کے من کی جوت جگے
خالد کو وہ پاک شجر دے یا اللہ

حمد

مطلوب مال و زر ہے نہ کچھ مرتبا مجھے
اے لاشریک! چاہیے تیری رضا مجھے

اندھیارے جنگلوں میں بھٹکنا ہے کب تلک
دے کچھ تو روشنی کے نگر کا پتا مجھے!

سمجھوں گا مجھ کو دولتِ کونین مل گئی!
معبودِ لایزال جو تو مل گیا مجھے

دستِ طلب دراز کروں کس کے سامنے
تیرے سوا ہے کس کا بھلا آسرا مجھے

ہستی ہے اس کی فہم و تخیّل سے ماورا!
بخشی ہے جس نے دولتِ ذہنِ رسا مجھے

اب اور شکر کیا ہو ادا اس کے لُطف کا
خالدؔ بنایا اُمتیِّ مصطفیٰؐ مجھے

نعت

ہر صدا نا معتبر، نا مہرباں تیرے بغیر
وہم ہے آرائشِ کون و مکاں تیرے بغیر

صاعقہ بر دوش تجھ بِن زندگی کے روز و شب
آندھیوں کی زد میں ہے خیمۂ جاں تیرے بغیر

آسماں ہے وہ زمیں جس نے قدم چومے ترے
رہگزارِ خار و خس ہے کہکشاں تیرے بغیر

کھو چکے پہچان تک اپنی ہجومِ دہر میں
ہم ہیں مثلِ یوسفِ بے کارواں تیرے بغیر

شافعِ اُمّتؐ سَوا نیزے پہ سورج آگیا
زندگی ہے محشرِ بے سائباں تیرے بغیر

ظلمتوں کو کس نے پہنایا لباسِ روشنی
ہم تھے خالدؔ گمرہی کی داستاں تیرے بغیر

نعت

ظُلمتوں کی انتہا
جور وجفا کا سلسلہ
جس گھڑی
تحت الثریٰ کو آنکھ دکھلانے لگے
بربریّت اور سفّاکی کے شعلے
گرمئ دوزخ کو بھی جس وقت گرمانے لگے
وحشت و دہشت کے خونیں اژدہے
آدمیّت کی برہنہ لاش کو
رستوں چوراہوں پہ کھینچے پھر رہے تھے
اور جب
عصمت و عفّت، حیا
شفقت، شرافت، پارسائی
اس طرح کے سارے لفظ
اپنے معانی کے جنازوں پر سوار
موت کے اندھے کنویں میں گر رہے تھے

ہو گئے لبریز جب ظلمات کے سارے ایاغ
اُس گھڑی
ربِ رحمٰن الرحیم و ذوالجلالِ دہر نے
روشن کیا
ظلمت کدے میں اک چراغ
خاک کے پتلے کو بخشی
عظمتِ خیرالورٰے
وُہ جو تھے شمعِ حرا
تابناکی سے بنایا، نور کا سیلِ رواں
نجم الہدٰے، بدر الدّجےٰ شمس الضّحےٰ
حضرت محمدؐ مصطفٰےؐ
حضرت محمدؐ مصطفٰےؐ

سلام

یومِ شہیدِ اُمّتِ خیرالبشرؐ ہے آج
اہلِ جہاں کو دعوتِ فکر و نظر ہے آج

دیوار و در ہیں شہرِ محمدؐ کے سوگوار
درپیش اہلِ بیت کو کیسا سفر ہے آج

کس کے لہو نے وقت کا دھارا بدل دیا
نیزے پہ سر بلند ہوا کس کا سر ہے آج

جاں دیدی دیں پہ اپنی شبیہہِ رسولؐ نے
یوں تن بہ خاک غیرتِ شمس و قمر ہے آج

رچ بس گیئں فضا میں سکینہ کی سسکیاں
کیسا یہ سوگ بر سرِ دیوار و در ہے آج

ہاتھوں پہ شہؑ کے اصغرِ معصوم کی ہے لاش
پھر امتحانِ دیدہ و قلب و جگر ہے آج

کس شہرِ بے لحاظ میں لے آئی زندگی
چادر سے بے نیاز جو زینبؑ کا سر ہے آج

ظلمت میں پھر ہے اسوۂ شبیرؑ کی طلب
اک اک قدم پہ معرکۂ خیر و شر ہے آج

اب اور کیا ہوا راہِ مصائب میں آسرا
خالدؔ غمِ حسینؑ ہی رختِ سفر ہے آج

سلام

زندگی میں اگر روشنی چاہیئے
ہم کو احساسِ تشنہ لبی چاہیئے

ہر گھڑی سرخوشی لازمی تو نہیں
کچھ نہ کچھ غم کی بھی چاشنی چاہیئے

ہم کو محرومِ چشمِ تماشا نہ کر
ہم کو بھی ذوقِ دیدہ وری چاہیئے

موت ہم کو بھی شبیرؓ کی سی ملے
ہم کو عابدؓ کی سی زندگی چاہیئے

مال و زر کی نہیں آرزو کہ ہمیں
عکسِ کردارِ حضرت علیؓ چاہیئے

خالد اِس کے سِوا اور کیا ہو طلب
حُبِّ اصحابؓ و آلِ نبیؐ چاہیئے

پرانی یاد سے اب دل کو مت دُکھا سائیں
عبث ہے عہدِ گزشتہ کا تذکرا سائیں

اب اُس کے غم میں پڑا جان کو گھُلا سائیں!
کہا نہیں تھا کہ یہ روگ مت لگا سائیں؟

خوشی کا گیت کہ ہو دکھ بھری کتھا سائیں،
بڑے دِنوں سے نہیں کچھ کہا سُنا سائیں!

فقیر ڈھونڈتے پھرتے ہیں خود کو چاروں کھونٹ
نہ کوئی راہ، نہ منزل، نہ رہنما سائیں

ہوائیں راستہ بدلیں گی یا نہ بدلیں گی ؟
تری بلا سے تو سُلفے کا دم لگا سائیں

پلٹ کے دیکھا کسی نے نہ کوئی در بولا !
ہزار دیتے رہے دَر بدَر صدا سائیں

خیال چھوڑ زمانے کو رام کرنے کا
یہ بے لحاظ ہے آتا نہیں وفا سائیں

نظر میں اُسکی زمانہ تھا لاٹ سُلفے کی
اسی گمُان کے شعلوں میں جل بُجھا سائیں

کِسی طرح تو کٹے یہ گراں پہاڑ سی رات
ہو آپ بیتی کہ جگ بیتی کچھ سنا سائیں

نہ پوچھ کیسا بُرا حال ہو گیا خالد
کہا جب اس نے بچھڑتی گھڑی "خدا سائیں"

جب زندگی رہینِ غمِ ذات ہو گئی
ہر رہگزر پہ خود سے ملاقات ہو گئی

پنچھی اُڑے سجا کے صداؤں کے آئینے
سورج نے پر سمیٹ لیے رات ہو گئی

آج اپنا گھر بھی اجنبی لگتا ہے، ہو نہ ہو
ڈرتے رہے تھے جس سے وہی بات ہو گئی

اُلجھیں کسی سے آج کہ سر اپنا پھوڑ لیں
کچھ تو ہو سمجھیں کوئی نئی بات ہو گئی

خالدؔ ترے دیار سے گزرا تھا ایک روز
یادوں کی ایک بھیڑ مرے سات ہو گئی

چاند چہروں کے چراغ آنکھوں کے جلتے جائیں گے
آپ آئیں گے تو سب منظر بدلتے جائیں گے

قتل گاہوں کے اندھیرے یوں تو چھٹنے کے نہیں
ہم چراغوں کی طرح تا عمر جلتے جائیں گے

لوٹ کر اس سرزمیں سے اب نہیں جائیں گے ہم
ساحلوں پر کشتیوں کے جسم جلتے جائیں گے

ہم گھنے جنگل میں وہ خوشبوؤں والے پیڑ ہیں
جن کی شاخوں سے لپٹ کر سانپ پلتے جائینگے

اِک نہ اِک دن رنگ لائیں گی ہماری محنتیں!
خالدؔ اک دن خواب تعبیروں میں ڈھلتے جائیں گے

موہوم منزلوں کی خبر دے گیا مجھے
گمراہ تھا میں سمتِ سفر دے گیا مجھے

شیشے کی کرچیاں مری آنکھوں میں بھر گیا
وہ شخص کیسا ذوقِ نظر دے گیا مجھے

گھائل ہوا ہے جب سے پرندہ اُڑان میں
اپنے بدن سے نوچ کے پر دے گیا مجھے

لوگوں کو دے کے سنگِ ملامت وہ مہرباں
شہرِ صدا میں کانچ کا گھر دے گیا مجھے

خالدؔ وہ بانٹتا رہا اوروں میں برگ و گل
خوابوں کے خارزار مگر دے گیا مجھے

چہروں کی نرم دھوپ میں، زُلفوں کی چھاؤں میں
کٹ جائے عمر یوں ہی حسینوں کے گاؤں میں

امن وسکوں کی فاختہ تو دل میں قید ہے
کیا ڈھونڈنے چلے ہو بتاؤ خلاؤں میں

آکاش کے بدن پہ لہو کس نے مل دیا
سسکاریاں ہیں کس کی پریشاں ہواؤں میں

آنسو رواں ہیں چہرۂ گلگوں کی آگ پر
سورج کی پیاس بجھ گئی شبنم کے گاؤں میں

خالدؔ اب اُس کی یاد کے پیکر نہ کر تلاش
بادل سا رہ گیا جو بکھر کے فضاؤں میں

رنج و غم سے کہاں مفر بابا
زندگی ہے دکھوں کا گھر بابا

کس کو فرصت جو تیری بات سنے
تو یہاں کس کی آس پر بابا

ڈھونڈ پھولوں کی سیج اور کہیں
یہ فقیروں کا ہے نگر بابا

کتنے کانٹے ہیں کتنے پتھر ہیں
راہ چل دیکھ بھال کر بابا

زندگی کے اداس آنگن میں
دِل ہے بجھتا ہوا شرر بابا

نیند آنکھوں میں چھائی جاتی ہے
جیسے پورا ہوا سفر بابا

دور منزل ہے راستہ دشوار
کوئی رہبر نہ ہم سفر بابا

کون اپنائے گا تجھے خالد
کیا بھٹکنا یوں در بدر بابا

ریت کے سمندر میں غرق ہوگئے دریا
آپ اپنی میّت پر خون رو گئے دریا

دیکھیں کون کاٹے اب فصل نارسائی کی
کِشتِ دل میں خوابوں کے زخم بوگئے دریا

دُور تک نہ سایہ ہے اور نہ بُو نہ پانی کی
وہم ہوگئے بادل خواب ہوگئے دریا

اجنبی مسافر تھے آنسوؤں کی نگری میں
کس کو ڈھونڈنے نکلے خود ہی کھو گئے دریا

قریہ قریہ پھیلا ہے دشتِ کربلا خالد
کس کی تشنہ کامی کے درپے ہو گئے دریا

اُترے ہیں دل کے شہر میں لشکر نئے نئے
پورس تو اک وہی ہے سکندر نئے نئے

چہروں کی آج ہو بھی تو پہچان کس طرح
پرچھائیوں کو بل گئے پیکر نئے نئے

پھر دوستوں کی مجھ پہ نوازش ہے ان دنوں
پھر آزما رہے ہیں وہ خنجر نئے نئے

آخر کو بے نقاب ہی ہونا پڑا اُسے
ملتا رہا جو روپ بدل کر نئے نئے

اُس کا پتہ نہ مل سکا خالدؔ کسی بھی طور
کھنگال ڈالے دشت و سمندر نئے نئے

عجیب شہر ہے سب لوگ گونگے بہرے ہیں
جدھر بھی دیکھو کڑی بے حِسی کے پہرے ہیں

وہی ہیں یاں بھی سپید و سیاہ کے مالک
ہے جن کے دل میں اندھیرا بدن سنہرے ہیں

عجب نہیں کہ کیا جائے کل انھیں مصلوب
جو آج لائقِ صد احترام ٹھہرے ہیں

نرالا دیکھا یہ اِس شہرِ عدل کا دستور
لبوں پہ مہر ہے، لوح و قلم پہ پہرے ہیں

دکھائی دیتے ہیں خالد جو دُور سے پایاب
وہ بندگانِ خدا بھی اتھاہ گہرے ہیں

شبِ ہجراں میں یہ کیا ہو گیا ہے
ستارے گم قمر ٹوٹا ہوا ہے

گرے ہیں آسماں سے چند آنسو
یہ کون اپنا مقدّر رو رہا ہے

ستاروں میں چُھپا ہے کوئی شاید
جسے یہ چاند ہر شب ڈھونڈتا ہے

ہے روزِ حشر بھی کیوں تیرگی سی
یہ سورج ہے کہ مٹّی کا دِیا ہے

بیابانوں میں کانٹوں سے بھی خالدؔ
دریدہ چاک دامن کا سِیا ہے

اجنبی راہوں سے ہو کر جب بھی آتی ہے ہوا
یاد کتنے بھولے بسروں کی دِلاتی ہے ہوا

پی کے آئی ہے نہ جانے کِن گلابوں کا لہو
آج سورج سے بھی جو آنکھیں لڑاتی ہے ہوا

ذہن پہ چھا جائے اک مٹیار انگڑائی کے مثل
جسم کی وینا کے تاروں کو ہِلاتی ہے ہوا

لے کے آئی ہے جو پہلے دن ہی زخموں کا لباس
اس برس تو دیکھیے کیا ظلم ڈھاتی ہے ہوا

سوچتا ہوں لائی ہے شاید کوئی اُس کا پیام
خالدؔ آ کر روز جب در کھٹکھٹاتی ہے ہوا

طُرفہ کاروبار کرنا چاہتا ہے
زہر کا بیوپار کرنا چاہتا ہے

توڑ لینا چاہتا ہے ہر تعلّق
در کو بھی دیوار کرنا چاہتا ہے

پھر ہُوا ہے مہرباں حد سے زیادہ
پھر وہ کوئی وار کرنا چاہتا ہے

تتلیوں کے پر سجے البم کو اب وہ
رونقِ بازار کرنا چاہتا ہے

مٹھیوں میں جگنوؤں کی آگ لیکر
دشتِ شب کو پار کرنا چاہتا ہے

ہے تو وہ مسدود راہوں کا مسافر
سب حدوں کو پار کرنا چاہتا ہے

مُعجزوں کا منتظر رہتا ہے اب بھی
آگ کو گلزار کرنا چاہتا ہے

خواہشوں کے جال میں جکڑا ہوا ہے
قید سے انکار کرنا چاہتا ہے

خاؔلدِ سادہ گماں دنیا کے آگے
کرب کا اظہار کرنا چاہتا ہے

اب کیا بتاؤں شہرِ تمنّا میں کیا ملا
احساسِ دردِ گمشدہ خوابوں کا سلسلہ

کس کو پکارتا میں سرِ راہِ زندگی
ہر شخص اپنی ذات کے صحرا میں قید تھا

پہنا ہوا تھا میں نے تو زخموں کا پیرہن
لوگوں کو جانے کیوں ہوا دھوکا بہار کا

بھٹکا ہوں رات رات کسی کی تلاش میں
گھر میں تو میرے جسم کا سایا تھا اور کیا

وہ جن کے دم سے "مال" کی رونق جوان ہے
ان کو بھی ساری رات، سنا، جاگنا پڑا

جو چہرہ گھر سے لے کے چلا تھا میں آج صبح
جانے وہ ازدحامِ الم میں کہاں گیا

خالدؔ کہیں پہ سایۂ گیسو تلاش کر
سورج ہے سر پہ رنج والم کے جہان کا

سو سمندر پی چکا ہوں پھر بھی کیوں پیاسا ہوں میں
پتی پتی پر سے شبنم چاٹتا پھرتا ہوں میں

تیری زلفوں کی مہک، تیرے بدن کی بو، ملی
اجنبی راہوں سے ہو کر جب کبھی گزرا ہوں میں

بن چکا ہوں اب پُرانے موسموں کی یادگار
زندگی کی شاخ پر سوکھا ہوا پتّا ہوں میں

تو کہاں جائے گا مجھ سے دور میرے دل سے دور
تو مری قسمت ہے تیرے ہاتھ کی ریکھا ہوں میں

بات کیا تھی کس لیے وہ مجھ سے برگشتہ ہوا
اب بھی تنہائی میں اکثر سوچتا رہتا ہوں میں

مل گیا جب راہ میں کوئی تو کہنا ہی پڑا
بس نوازش ہے، کرم ہے آپکا' اچھا ہوں میں

ساغرِ جم جان کر رکھتا تھا وہ مجھ کو عزیز
توڑ ڈالا جب کھلا اس پر کہ آئینہ ہوں میں

مجھ کو بھی خالدؔ نہیں معلوم میری وسعتیں
گنبدِ بے در ہوں یا پھر بیکراں صحرا ہوں میں

دور، اُفق پر آنکھ مچولی کھیلیں جب متوالے میگھ
یاد مجھے آجائیں تیری چھت پر چھانے والے میگھ

پل دو پل جب ٹوٹ کے برسے تیری یاد کے کالے میگھ
الٹی سیدھی چنتاؤں کو چاٹ گئے مٹیالے میگھ

پیاسی دھرتی نیل گگن کو دیکھ رہی ہے صدیوں سے
کب جل تھل ہو، کب برسیں یہ آنکھ چرانے والے میگھ

ننگے جسم نہا کر نکلی جب ساگر سے بھور بھئے
دھوپ کے کومل تن پر ٹوٹ پڑے گھنگھور جیالے میگھ

دیکھو جاگ نہ جائیں اپنے پیروں کی آوازوں سے
پیڑوں سے لپٹے ہیں اُجلی چادر اوڑھے کالے میگھ

جانے کتنے تن بوندوں کے انگاروں سے جل جائیں
کیا سمجھیں کیا جانیں سیدھے سادے بھولے بھالے میگھ

پاگل پنچھی سمجھے کیسے خالد ان کے من کا بھید
پل بھر میں سو روپ بدل کر چھائیں روز نرالے میگھ

گلشن پہ تھی بہار ، ابھی کل کی بات ہے
دامن تھے تار تار ، ابھی کل کی بات ہے

تھے گرد راہِ یار ، ابھی کل کی بات ہے
اور زیست تھی بہ کار، ابھی کل کی بات ہے

کیوں آج ان میں ایک بھی آنسو نہیں رہا؛
آنکھیں تھیں جوئبار، ابھی کل کی بات ہے

طُرفہ ستم کہ آج ہوئی دید بھی محال
حاصل تھا قُربِ یار، ابھی کل کی بات ہے

اب ٹھوکروں میں گردشِ دوراں اُڑائے ہے
ہم بھی تھے شہریار، ابھی کل کی بات ہے

کِس کِس جگہ نہ ہم نے کِھلائے لہو کے پھول
صحرا تھا لالہ زار، ابھی کل کی بات ہے

خالدؔ دیارِ شوق میں خود اپنا ہی ہمیں
رہتا تھا انتظار، ابھی کل کی بات ہے

آج خود سے بھی گِلا ہو جیسے
زندگی کرب و بلا ہو جیسے

یونہی بے سُود جلا ہو جیسے
دل بھی تُربت کا دِیا ہو جیسے

تجھ کو اپنے سے جُدا جان سکوں
اب یہی دِل کی دُعا ہو جیسے!

آج اطراف میں یوں بکھرا ہوں
آئینہ ٹوٹ گیا ہو جیسے!

یوں اچانک وہ ادھر آ نکلا
راستہ بھول گیا ہو جیسے

غم ہے کیسا یہ دل وجاں پہ محیط
بے سبب کوئی خفا ہو جیسے

کوئی ہم دم نہ شناسا کوئی
پھول صحرا میں کھلا ہو جیسے

میں ہوں اس دور کا حاتم خالد
زیست اک کوہِ ندا ہو جیسے

ہوں رفعتوں کا مکیں برقِ آسماں کی طرح
بچھا ہوا ہوں سرِ عرش کہکشاں کی طرح

جہاں میں یوں تو ازل سے ہمارا رشتہ تھا
جُدا رہے ہیں مگر ناوک و کماں کی طرح

نہ کوئی مجھ میں نہ ہی میں کسی کے دل میں رہا
میں شہر میں تھا مگر ٹوٹتے مکاں کی طرح

بجھائی میں نے ہی سورج کو جب بھی پیاس لگی
گو تشنہ کام تھا صحرائے بیکراں کی طرح

مرے قریں تھا مگر میں اسے نہ جان سکا
جو شخص دل میں رہا ایک ہمزباں کی طرح

وہ راہبر ہوں نہیں جو روایتوں کا اسیر
جہاں ہے پیچھے مرے گردِ کارواں کی طرح

فضا کی بیکراں وسعت ہے مجھ کو ناکافی
"زمیں پہ پھیلتا جاتا ہوں آسماں کی طرح"

پڑا جو وقت وہی غیر بن گیا خالد
ہمیشہ ملتا رہا تھا جو رازداں کی طرح

اب جسم سے جاں چل کے نگاہوں میں کھڑی ہے
دیدار کی حسرت ہے جُدائی کی گھڑی ہے

زلفوں کو بکھیرے وہ مرے پاس کھڑی ہے
صحراؤں میں جیسے کہ گھٹا بھول پڑی ہے

تاروں نے کفن اوڑھ لیا رُخ پہ سحر کا
اب بھی اگر آ جاؤ تو یہ رات بڑی ہے

گفتار کی شوخی پہ فِدا شمس و قمر ہوں
اندازِ تبسّم ہے کہ موتی کی لڑی ہے

ہر دل کو جو شیشے کی طرح کاٹ رہی ہیں
ہیرے کی کنی کیا تیری آنکھوں میں جڑی ہے

ہر چند خدا کاتبِ تقدیرِ اُمم ہے
اے دوست خودی تیری مقدّر سے بڑی ہے

کیا شکوۂ حالات کریں ہم کہ ازل سے
ظُلمت کی انی لوحِ مقدّر میں گڑی ہے

آئینہ بن کے میں اُسے جب تک مِلا نہ تھا
وہ شخص میرے خون کا پیاسا ہوا نہ تھا

جب تک مرے شعور کا سورج اُگا نہ تھا
کوئی بھی مجھ کو شہر میں پہچانتا نہ تھا

لوٹے نہ تھے گھروں کو پرندے، کہ شہر میں
دیواروں پر تھی دھوپ ابھی دن ڈھلا نہ تھا

آیا تو اپنے ساتھ بہا لے گیا انہیں!
سیلاب کے ستم سے کوئی گھر بچا نہ تھا

تہمت کے راکشس سے بچاتا جو اسکی لاج
سیتا کے گرد ایسا کوئی دائرہ نہ تھا

کیوں رک گئے تھے میرے قریب آ کے دو قدم
میں دو طرف کو جاتا ہوا راستہ نہ تھا

اس شہر میں صلیب تو ایک اک قدم پہ تھی
خالدؔ مسیح میرے سِوا دوسرا نہ تھا

کیسی ہے دنیا کی گھات
آنکھ بچی اور بازی مات

چل پنچھی اب لوٹ چلیں
سر پر آ پہنچی ہے رات

ہجر کہانی صدیوں کی
ملنا ہے بس بات کی بات

ابنِ آدم کی توہین
نیچی نظریں پھیلے ہات

دروازے خاموش ہیں یوں
دیواریں سن لیں نہ بات

سنّاٹوں کے جنگل میں
سرگوشی کرتی ہے رات

کس سے من کا بھید کہیں؟
راہ میں کوئی سنگ نہ سات

خاؔلد اس جگ میلے سے
لے چلیے غم کی سوغات

ساحلوں کی ہے نہ اب ہے ناخداؤں کی تلاش
میری کشتی کو ہے بس پاگل ہواؤں کی تلاش

آج کی تہذیب کے ہاتھوں ستائی زندگی
کر رہی ہے تنگ آکر پھر گپھاؤں کی تلاش

چاند پر بھی بِل نہیں پائے کبوتر امن کے
دے گئی ہے کیا ہمیں آخر، خلاؤں کی تلاش

قہر کا سورج، سفر لمبا، مگر پھر بھی مجھے
تپتے صحراؤں میں ہے شیتل گھٹاؤں کی تلاش

اپنی من مانی کی خاطر حضرتِ انسان کو
جانے کن صدیوں سے ہے گونگے خداؤں کی تلاش

چار قدموں کا خلا، خالدؔ مجھے کافی نہیں
روز رہے مجھ کو نویلی کہکشاؤں کی تلاش

ہر چشم ہے پُرنم تو ہر اک لب پہ فغاں ہے
یہ زیست ہے یا قہر کا اک سیلِ رواں ہے

پھرتا ہے تجسّس میں ترے ہر سوُ دِوانہ
اے رقص گہہِ عیش و مسرّت تو کہاں ہے؟

پھر ذوقِ طلب زنداں میں لے جاتے ہے مجھکو
ہر زخمِ بدن آج مرے دِل کی زباں ہے

پھر گرم ہوا شہر میں وہ جبر کا بازار
باقی ہے مکیں کوئی نہ اب کوئی مکاں ہے

چنگاری بھڑک کر یہ کبھی شعلہ بنے گی
تم لاکھ کہو آگ ہے سرد، امن واماں ہے

ہے لائقِ تعزیر اسے دار پہ کھینچو!
خالد سے بلند آج بغاوت کا نشاں ہے

درد کا گہرا سمندر بھی اُسے پایاب تھا
جس کی آنکھوں میں مچلتی ساعتوں کا خواب تھا

بزمِ گیتی میں لنڈھائے سب نے جامِ انگبیں
ایک میرے ہاتھ میں ہی ساغرِ زہراب تھا

ہر خدائے زر کے آگے عمر بھر جُھکتا رہا
جو بزعم خود جہاں میں واقفِ آداب تھا

رات گُم سُم تھی، فضا بوجھل، ہوا نوحہ کناں
ایک میں بے خواب تھا اِک کرمکِ شب تاب تھا

کیسے پاتا میں تمہاری بزم میں دادِ ہُنر؟
پتھروں کے شہر میں اِک گوہر نایاب تھا

تیرہ و تاریک راہِ زیست میں خاؔلد مجھے
ریت کا ذرّہ بھی جیسے مہرِ عالم تاب تھا

سمجھ کے شامِ غریباں کا اک دیا مجھکو
ہوائے تند کی راہوں پہ مت جلا مجھکو

ہزار ڈھونڈا نہ کوئی نشاں ملا مجھکو
مِلا تو اپنے ہی دِل میں مِلا خدا مجھکو

بھڑکتی آگ، دھواں اور خوں کی سرخ لکیر
سوائے اس کے زمانے سے کیا مِلا مجھکو

جو اپنی ذات کی دیوار تک نہ پھاند سکا
نظر اُٹھا کے بھلا دیکھتا وہ کیا مجھکو؟

کسی نے آنکھ چُرا لی کہ سنگِ راہ تھا میں
کسی نے پھول سمجھ کر اُٹھا لیا مجھکو

بجا ہے اس سے کشیدہ ہوئے زمانہ ہوا
وہ میرا تھا تو کبھی تو پکارتا مجھکو

کیسا دَور ہے یارو، کوئی مونس و ہمدم، نہ کوئی شناسا ہے
ہر بشر عداوت کے اندھے جنگلوں میں گُم بس لہو کا پیاسا ہے

مُطربِ جہاں پھر سے ریشمیں بہاروں کا گیت چھیڑ دے کوئی
نغمگی ہے شوریدہ، زندگی خزاں دیدہ اور دِل مُجھا سا ہے

نقرئی صداؤں کے گھنگھروؤں کو چھنکائیں کچھ تو آپ فرمائیں
زُلف بھی پریشاں ہے آنکھ بھی حجاب آلود، رنگ اُڑا اُڑا سا ہے

رات کی خموشی میں یاد کرکے بیتے دن کوئی رو رہا ہوگا
پھر وہی اُداسی ہے پھر وہی گرانباری، منظر آشنا سا ہے

روز و شب کی راہوں پہ، کوئی تو نگہباں ہے، کوئی ہے مرا نگراں
ہر قدم پہ جو خالد میرے ساتھ چلتا ہے، مجھ کو دیکھتا سا ہے

اپنی پلکوں پہ سجائے ہوئے سپنے کل کے
آج نکلے ہیں تجسّس میں ترے آنچل کے

آج پھر دل میں جواں جسموں کا طوفان اٹھا
پھر اُڑے ذہن میں آنچل کئی ڈھلکے ڈھلکے

نہ گجر ہے نہ اذاں ناہی صدائے ناقوس
پھر بھی آبیٹھے ترے در پہ دِوانے چل کے

مرمریں جسم ترا ، اس پہ تصوّر کی اڑان
جیسے بلّوریں سبک پیالوں سے مدرا چھلکے

نینداڑاتی ہیں تری نیند سے بوجھل آنکھیں
خواب وہ اُن میں مچلتے ہوئے ہلکے ہلکے!

کھو کے رہ جاؤ نہ ماضی کے شبستانوں میں
خوابِ امروز بھی دیکھو ذرا آنکھیں مل کے

نئی تہذیب کی گرتی ہوئی دیوار تلے
خالدؔ اب ڈھونڈ نہ سائے تو گھنے پیپل کے

خود کو سمو کے پیکرِ موج و حباب میں
میرے ہی خوں نے پھول کھلائے چناب میں

تیرا خیال اور شبِ ماہتاب میں
اک پھول جیسے تیر رہا ہو شراب میں

پھیلی نہ شوخ دھوپ کبھی دل کے آنگنا
سورج وہ جب سے ڈوب گیا ہے نقاب میں

لَو دے اُٹھے ہیں ماضی و فردا کے سب چراغ
یوں زندگی کی شمع جلی ہے شباب میں

فرزانگی کو شہرتیں خالدؔ وہ کب نصیب
لکھی گئیں جو اہلِ جنوں کی کتاب میں

زندگانی کا سفر کچھ اس طرح کرنا پڑا
ڈوبتی پرچھائیوں سے عمر بھر ڈرنا پڑا

زہر بھی پینا پڑا امرت سمجھ کے دوستو!
جینے کی خواہش تو تھی لیکن مجھے مرنا پڑا

کی نہیں مصلوب میں نے بس اک اپنی ہی انا
آگ میں ہر شبنمی خواہش کو بھی دھرنا پڑا

اس قدر بے چہرہ کر ڈالا غموں کی دھوپ نے
اِک نیا بہروپ مجھ کو روز ہی بھرنا پڑا

کاغذی ملبوس تھا خالد سفینہ موم کا
پار پھر بھی ایک دریا آگ کا کرنا پڑا

ایک زندہ لاش ہوں کچھ اس طرح یاروں کے بیچ
کوئی بے ملاّح کشتی جیسے منجدھاروں کے بیچ

لمحہ لمحہ چڑھ رہی ہے سوچ کی گہری ندی
سایہ سایہ کٹ رہی ہے رات کُہساروں کے بیچ

چھوڑ کر جاؤں کہاں اب ذات کا اندھا حِصار
سُرخیاں مجھ کو بلاتی تو ہیں اخباروں کے بیچ

زیست کچھ کم تو نہیں ہے چاہِ بابل سے جہاں
قید ہیں سب خواہشوں کی سُرخ دیواروں کے بیچ

کربِ تنہائی فصیل نارسائی کا اسیر
کب سے ہوں میں قید گھر کی تنگ دیواروں کے بیچ

کب ہوا ہے طائرِ بے پر بگولوں کا حریف؟
کیوں لیے جاتے ہو مجھ کو برق رفتاروں کے بیچ

کس لیے چیں بر جبیں ہو ہاتھ میں پتّھر لیے
کون ہے معصوم، بولو، ہم گنہگاروں کے بیچ

اپنے پیکر سے بچھڑ کر پھر رہا ہوں دَر بدَر
میں تو اک سایہ ہوں خالدؔ سرد بازاروں کے بیچ

آپ اپنے میں سمٹ کر رہ گیا
ساری دُنیا سے میں کٹ کر رہ گیا

کرچی کرچی ہوں مثالِ آئینہ
سینکڑوں ٹکڑوں میں بٹ کر رہ گیا

آسماں پہ تھا کبھی جو مثلِ ابر
آخر اک دن وہ بھی چھٹ کر رہ گیا

تھا جو سورج کی طرح سے تابناک
چاند کے مانند گھٹ کر رہ گیا

جانے کس کی یاد کا سایہ تھا وہ
جس سے خالدؔ میں پسٹ کر رہ گیا

ہم کو طوفاں سے ڈرائیں نہ زمانے والے
کشتیاں ہم سرِ ساحل ہیں جلانے والے

آنکھ کیا مجھ سے ملائیں گے یہ ماہ و انجم
روشنی مانگ کے گھر اپنا سجانے والے

گھر سے نکلو تو کسی خواب کا سایہ لیکر
دھوپ بن کر نہ کہیں ڈس لیں زمانے والے

اپنے دامن پہ لگے داغ تو پہلے دھو لیں
مجھ پہ کم نگہی کا الزام لگانے والے

ہم کو تعبیروں سے کیا خوف کہ خالدؔ ہم ہیں
روز پلکوں پہ نئے خواب سجانے والے

کون کہتا ہے گئے وقت کا قصہ ہوں میں !!
ایسا شعلہ ہوں کہ ہر دور میں بھڑکا ہوں میں

نکلوں اس غار سے باہر کوئی شاید مل جائے
اپنی ہی ذات میں کھویا ابھی تنہا ہوں میں

چند قطروں سے جو بجھ جائے یہ وہ پیاس نہیں
اک گھٹا بن کے برس جاؤ کہ صحرا ہوں میں

تو جہاں چھوڑ کے روپوش ہوا تھا مجھ کو
آج بھی زیست کے اس موڑ پہ بیٹھا ہوں میں

چند لمحات کا مہمان ہے مجھ کو خالد
ایک دو پل میں بکھر جاؤنگا سپنا ہوں میں

ہونٹ یاقوت سے، آنکھیں کاجل بھری پیچ در پیچ زلفوں کی جادوگری
گنگناتے ہوئے آج ہم کو ملی میرؔ کے شعر اک نو شگفتہ کلی

یہ اجنتا کے رنگین شہکار ہیں، یا گھٹائیں برسنے کو تیار ہیں
نشۂ نوجوانی میں سرشار ہیں، ہر طرف لڑکیاں سانولی سانولی

حادثوں کے حسیں ابر لہرا گئے ملگجی دھند میں جسم ٹکرا گئے
ہم بھی گھبرا گئے وہ بھی شرما گئے، اُف وہ نظروں کی باتیں کہی ان کہی

نور کی وادیوں کا سہانا سفر، ساتھ ہو تم تو ہے خوب سے خوب تر
کہکشاں کی سجی عرش پر رہگزر، آج قدموں تلے بچھ گئی چاندنی

ریگزاروں میں مُبہم سے یہ نقشِ پا، دشت میں کون میرے سوا آگیا
جستجوئے جنوں میں ہو شاید خدا، کام آ ہی گئی آج دیوانگی!

میں جو سورج کے بدن سے کہیں ٹوٹا ہوتا
دھوپ بن کے تری دیوار پہ اترا ہوتا

دل کے آنگن میں سلگتی نہ کسی درد کی لے
خواب کو میں نے اگر خواب ہی جانا ہوتا

تھم گئی ہوتیں چراغوں کی لویں آخرِ شب
مجھ کو اِک بار بھی جو تُو نے پکارا ہوتا

بہتے پانی پہ نہ لکھا گیا کچھ بھی اے کاش!
نقش پتھر پہ کوئی ہم نے اُبھارا ہوتا

گھورتا ہم کو نہ تنہائی کا وحشی آسیب
سبز پیڑوں پہ اگر اپنا بسیرا ہوتا

خاؔلد آشوبِ مسافت سے تو بہتر تھا یہی
کوئی پتھر میں تری راہ گزر کا ہوتا

جسکو میں نے ڈھونڈا صدیوں، شہروں میں ویرانوں میں
وہ انسان ملا کل مجھ کو گم گشتہ افسانوں میں

کس کی صورت آج بھی میری آنکھوں میں لہراتی ہے
کس پائل کی سرگم اب بھی گونج رہی ہے کانوں میں

سورج کی خوں رنگ عقابی آنکھ لگی ہے راہوں پر
جسم کا نازک پھول چھپا کر بیٹھ رہو دالانوں میں

شہروں کا ماحول مُبارک اہلِ عقل و دانش کو
ہم دیوانے اپنا مسکن رکھتے ہیں ویرانوں میں

یہ رادھا، یہ کرشن مراری، یہ وینس، یہ تاج محل،
کیاان سب کا پیار بھی بکتا ہے اونچی دوکانوں میں ؟

اس اندھی نگری میں خالدؔ جانے کس کی راہ تکے ؟
گئی رُتوں کے پھول سجائے یادوں کے گلدانوں میں

ہوں یوں تو آفتاب پہ گہنا گیا ہوں میں
آج اپنی ایک ایک کرن کھو چکا ہوں میں

جس کو نہ گنگنایا کسی نے وہ گیت ہوں
پہنچی نہ گوش تک جو کبھی، وہ صدا ہوں میں

پہنچا سکا نہ فیض کسی کو میں عمر بھر
صحرائے بیکراں کی طرح جی رہا ہوں میں

پہچاننے لگے ہیں مجھے سنگ و خشت بھی
جب سے ترے خیال میں سوچا گیا ہوں میں

کیسے ورودِ عیسیٰ ہوا ہے میری جاں کہ آج
مریم ہی تو ہے اور نا اِذنِ خدا ہوں میں

وہ آئینہ ہوں جس کو نہیں دیکھتا کوئی
ٹوٹے ہوئے مزار کا کتبہ ہوا ہوں میں

جھوٹی انا کے خول میں جب میں سمٹ گیا
پھر اپنے گرد و پیش کے چہروں سے کٹ گیا

صد افتخار مایۂ انسانیت ہوا
وہ سر جو کربلائے معلّیٰ میں کٹ گیا

پتھر سہی پہ ٹھوکریں کھانا بھی کیا ضرور
کچھ سوچ کر ہی میں ترے رستے سے ہٹ گیا

اُترا جب آسماں سے تو وہ شخص ایک تھا
دھرتی ملی تو کتنے قبیلوں میں بٹ گیا

اب کیا کہوں میں دشتِ تمنا کی دوڑ دھوپ
چہرہ تمام گردِ مصائب سے اَٹ گیا

یہ سوچ کے ہی چلتے رہے غم کی دھوپ میں
خالد خدا کا شکر، بُرا وقت کٹ گیا

کس غم کا مداوا ہوں میں کس دکھ کی دوا ہوں
صدیوں تک اسی آگ میں چُپ چاپ جلا ہوں

فرہاد کا تیشہ کہیں سوہنی کا گھڑا ہوں
سپنا ہوں جہاں آنکھ کھلی ٹوٹ گیا ہوں

وہ زہر کا پیالہ تھا مجھے چشمۂ حیواں
ہستی سے جو گزرا ہوں تو جاوید ہوا ہوں

اے چاند کی دھرتی کے تمنائی ! مجھے دیکھ
اک میں بھی ستارہ ہوں مگر ٹوٹ چکا ہوں

شبیر ہوں اس عرصہ گہہ جور و جفا کا
تنہا میں ہزاروں ہی یزیدوں سے لڑا ہوں

یادوں کی حسیں آنکھ سے ٹپکا تھا جو خالدؔ
اُس اشک کی صورت ترے عارض پہ جما ہوں

کہنے کو گھر ایک مگر کردار جُدا
کھڑکی، روزن، دروازے، دیوار جُدا

تخت کسی کو اور کسی کو تختہ دار
مُنصِف تیرے عدل کا ہے معیار جُدا

وہ بانکا بھی آخر جنگ میں کام آیا
سوچ کیٹیلی تھی جس کی گفتار جُدا

یہی رہے انداز اگر ملاّحوں کے
ہوجائیں نا کشتی سے پتوار جُدا

وقت وہ آنے والا ہے جب کانٹوں کو
مل جائیں گے رنگ جُدا، مہکار جُدا

جینا چاہے البیلے انداز سے وہ
کرنا چاہے سب سے کاروبار جُدا

کبھی تھا دونوں کے گھر کا دروازہ ایک
آج مگر دیوار سے ہے دیوار جُدا

خالدؔ کون اس چہرے کو پہچان سکا
رُوپ بدل کر آئے جو ہر بار جُدا

زندگی سے ہم نے پایا زخم اک رِستا ہوا
وقت کے مرہم سے جو کچھ اور بھی گہرا ہوا

پیس ہی ڈالیں نہ مجھکو ان کی دیواریں کہیں
آرہا ہے ہر مکاں میری طرف بڑھتا ہوا

اس لیے رکھتا ہوں میں روشن چراغِ آرزو
شب کو گھر آجائے شاید صبح کا بھولا ہوا

ہوگیا ہوگا زمانے بھر پہ ثابت جُرمِ عشق
ورنہ کیوں ہر شخص ہے یاں دار پر لٹکا ہوا

اک چھناکا سا ہوا اور کرچیوں میں بٹ گیا
زندگی بھر کے لیے جو خواب تھا دیکھا ہوا

کر گیا تھا وعدہ آنے کا وہ تھوڑی دیر میں
سانس ہے اب تک اسی اُمید پر اٹکا ہوا

کیسے کر پاؤ گے خالدؔ میرے زخموں کا شمار
ریزہ ریزہ جسم کے صحرا میں ہوں بکھرا ہوا

میں آگہی کا نیا نور ہوں پکار مجھے
سمیٹ لے نہ کہیں وقت کا غبار مجھے

چلا ہوں آج سمندر کا زہر پینے کو
فریبِ زیست کے ساحل سے مت پکار مجھے

کبھی میں عیسیٰ و منصور ہوں کبھی سقراط
نہ روک پایا کہیں وقت کا حصار مجھے

سکوتِ شب میں صدائے گماں کی صورت
ہر آستاں سے تہی دست ہی گزار مجھے

تپا کے آگ میں کندن بنائے جا یونہی
شکستِ ذات کی سولی سے مت اتار مجھے

بروٹس

میں سمجھا تھا
کہ اس سے میرا سمبندھ
کچھ یونہی سا ہے ــــــ لیکن
وقت پڑا تو اس کو میں نے، پایا
سچّا دوست!
کیونکہ
ہر دشمن سے پہلے
اس کا خنجر
میری پشت میں تھا پیوست

ردِّ عمل

کبھی کبھی تو مجھے یوں گمان ہوتا ہے
کہ ایک شعلۂ بے نام اک زمانے سے
مرے وجود کے آنگن میں جھلملاتا ہے
چمکتا ہے مری آنکھوں میں بجلیوں کی طرح
خیال و خواب کے حجروں کو جگمگاتا ہے

وہ شعلہ مجھ کو لیے جا رہا ہے سوئے فلک
ہوا کے دوش پہ اٹھلاتے بادلوں سے پرے
فلک کی نیلگوں رفعت سے دو قدم آگے
سرورِ شوق کی موہوم منزلوں سے پرے
اٹھا کے دوش پہ مجھ کو ہے مائلِ پرواز
وہ جبرئیل کی صورت سبھی حدوں سے پرے

میں سوچتا ہوں جہاں پر مری حکومت ہے
یہ جشنِ صبح و مسا میرے دم قدم سے ہے
یہ رنگ و نور فضائیں یہ نکہتوں کا وفور،
مرے ہی خامے سے، میرے ہی موقلم سے ہے
زمانہ میری نگاہِ کرم پہ ہے زندہ
یہ عیش کوشیٔ دوراں مرے ہی دم سے ہے

مگر یہ وہم و گماں کی حسین قوسِ قزح
سپہرِ ذہن پر بس تھوڑی دیر رہتی ہے
حقیقتوں کے نگر کی لرزتی پرچھائیں
ہلا کے شانہ مجھے یوں خطاب کرتی ہے
نکل بھی آؤ تخیّل کے شیش محلوں سے
تصوّرات سے تقدیر کب سنورتی ہے

کہ تم تو غربت و افلاس کے ہو پروردہ،
خیال و خواب کی رفعت پہ یوں نہ اتراؤ
پکارتے ہیں تمہیں روز و شب زمانے کے
فلک کو چھوڑ دو فلک سے زمیں پہ لوٹ آؤ

اشکوں کے چراغ

رات کے پچھلے پہر ڈوبتے سنّاٹے میں،
پھر تری یاد جلانے لگی اشکوں کے چراغ
جھلملانے لگے پلکوں پہ لرزتے انجم
ہو کے لبریز چھلکنے لگے ماضی کے ایاغ

اِس گھڑی جبکہ جہاں محوِ گراں خوابی ہے
وقت ہاتھوں میں لیے تیرگیٔ شب کی صلیب
پھر دبے پاؤں بڑھا آتا ہے دھیرے دھیرے
میرے اِس زندہ سلگتے ہوئے لاشے کے قریب

دل کا ہر رِستا ہوا زخم ہے آئینہ بدست
جو دکھاتا ہے مجھے عہدِ گزشتہ کی بہار
عشق پر حسن کی الطاف و عنایات تھیں جب
چشمِ تخئیل میں رقصاں ہیں وہی لیل و نہار

چاندنی رات کی پگھلی ہوئی تنویر دل میں
تھک کے سو جاتا ہے مایوس امنگوں کا شباب
دب کے رہ جاتے ہیں احساس کے لرزاں شعلے
الجھنیں مجھ کو دکھاتی ہیں پریشان سے خواب

شبِ فرقت کی اُمڈتی ہوئی تاریکی میں
مجھ کو ملتا ہی نہیں صبحِ مسرت کا سراغ
اِس گھڑی جبکہ جہاں محوِ گراں خوابی ہے
پھر تری یاد جلانے لگی اشکوں کے چراغ

اندھیرے کا قتل

گزشتہ شام دھندلکوں نے روشنی سے کہا!
وہ دور آیا کہ تھا جس کا انتظار ہمیں،
زمانہ بیت گیا روشنی سے ٹکراتے!
کہ ہم تھے صدیوں سے سورج سے برسرِ پیکار
مگر شکست لکھی تھی ہماری قسمت میں
کہ ٹوٹ جائیں بلا سے، لچک نہیں سکتے

پر آج ہم نے اُجالوں کو مات دیدی ہے
اندھیرے بحر میں سورج کو غرق کر آتے
حسین شنگرفی کرنیں افق پہ تنہا تھیں
نہ جانے کون سے زنداں میں ان کو پھینک دیا
زمانہ اوڑھ چکا ہے رِدائے تاریکی!
جہاں کی مانگ اندھیروں سے ہم نے بھر دی ہے
اب اختیار میں اپنے ہے انتظامِ جہاں
کہاں اندھیرے کہاں روشنی سر گرداں؟
ابھی دھند لکے اندھیروں کا روپ دھارینگے
ہر ایک ذرّۂ تاباں پہ شب خوں مارینگے
ہمارے جسم بڑھیں گے عظیم تر ہونگے
دو ایک پل میں شہنشاہِ بحر و بر ہونگے

ابھی یہ گفتگو تشنہ' یہ بات ادھوری تھی
کہ ایک ننھا سا مٹی کا دیپ جل اٹھا
اڑا خیال کے پردے سے ردئے تاریکی
جہاں تہاں سے اندھیرے کا جسم پھٹنے لگا

سدِّ راہ

پتھروں کو چیر کر
بڑھتا رہا
وہ شخص دریا کی طرح
راہ میں
بپھرے سمندر سے اُسے
جب تک
پڑا نہ واسطہ

دل سے معاملہ

کہو، تم کون ہو؟ بولو
گلے میں نارسیدہ حسرتوں کے طوق لٹکائے
نحیف و ناتواں جسموں پہ بھاری خواہشیں لادے
قدم لرزاں
نظر ضعفِ بصارت سے چراغِ آخرِ شب تار
مجھے معلوم ہے سب کچھ
تم اس دُنیا سے آئے ہو
جہاں پر لوگ اب بھی بھائی کو بھائی سمجھتے ہیں
مجھے یہ بھی خبر ہے تم
بکھرتے خواب لے کر ڈھونڈتے پھرتے ہو تعبیریں
تم آئے ہو وہاں سے بن کے آسائش کے متلاشی
مگر شاید!
تمہارا ذوقِ آوارہ خرامی منتظر ہے سونی راہوں پر
کہ مل جائے کوئی خضر مہرباں
سبز پیغمبر

تمہیں جو راہ دکھلائے
جو تم کو یہ بھی سمجھائے
کہ یہ چوروں کی نگری ہے
کہ یہ بستی ہے بیگانی
یہاں پر خون کے بدلے
سسکتی خواہشیں دم توڑتے ارمان بکتے ہیں
یہ حیوانوں کی بستی ہے
یہ آوازوں کا جنگل ہے
یہاں انسان بکتے ہیں
یہاں پہ چند خوابوں کی حقیقت ہی بھلا کیا ہے
یہاں سے خواب ہی لے کر
پلٹ جاؤ تو اچھا ہے
وگرنہ اس خرابے میں
تمہارے خواب تو کیا ہیں کہیں تم بھی نہ کھو جاؤ
کہیں تم بھی نہ کھو جاؤ
کہیں تم بھی نہ کھو جاؤ

فریبِ پیہم

یہ میرا معمول بن چکا ہے
کہ صبح اٹھتے ہی سب سے پہلے میں سوچتا ہوں
جو آج کے دِن ہی زندگی کی
اُداس و تاریک و تیرہ راتوں میں
کوئی سورج کوئی ستارہ
کہیں سے دامانِ تیرگی کو
ہٹا کے شاید
کچھ ایسے جھانکے
کہ راستے جگمگا اٹھیں ۔ ۔ ۔ اور
نسیمِ صبح اپنے ساتھ خوشبو کا جسم لے کر
بہار کا پیرہن سجائے
بدن پہ اپنے ،
بناتی دیدہ و دل کو بے خود
سُبک روی سے
حیات کے خارزار میں کچھ
حسین غنچے کھلاتی جائے

مگر یہ دھوکا
نہ جانے کب سے میں کھا رہا ہوں
لُٹا پٹا تشنہ لب میں کب سے
سراب کی سمت جا رہا ہوں
شعور کی دسترس سے آگے
جو منزلیں ہیں
کہ جن کو پانے کی سعئ پیہم
بھی سعئ ناکام بن چکی ہے
انہیں کی خاطر
نہ جانے کب سے ہزاروں صدمے اٹھا رہا ہوں
کہ یوں ہر اک دِن
ہزاروں صدیوں پہ بھاری اِک دن
شبِ گریزاں کی ظلم پرور
اُداس چھاؤں میں سو گیا ہے
ہر اِک تبسّم نے رنج و غم کے
سیاہ آنچل میں منہ چھپایا
ہر ایک لمحۂ زندگانی اندھیری راہوں میں کھو گیا ہے

پھر آج میں اِس خیال میں ہوں
کہ آج کا دن بھی فکر کے سوگوار جنگل میں کھو نہ جائے
یہ میرا دل جو سُلگ رہا ہے
کچھ ایسے جیسے
اداس مرگھٹ میں سرد ہوتی ہوئی چِتا ہو
غریب کی جھونپڑی میں جیسے
کہ ٹمٹماتا ہوا دیا ہو
پھر آج مایوس ہو نہ جائے
یہ آج کا دن بھی
گزرے ایّام کی طرح سے
غموں کے صحرا میں کھو نہ جائے
غموں کے صحرا میں کھو نہ جائے

لاحاصل

زندگی!
میں ترے قہقہوں کے لئے
جانے
کن آستانوں پہ رویا ______ مگر
تو
شوالے کے بت کی طرح
آج بھی
اتنی مغرور کہ بولتی تک نہیں

یادِ رفتگاں

بیادگار کمالؔ مرحوم

بہت ہی معتبر اشخاص سے روایت ہے
کہ ایک وہ بھی زمانہ تھا چند سال ہوتے
یہ شہر شعر و ادب کا عظیم مرکز تھا
یہاں بھی سینکڑوں شعرائے باکمال ہوئے

کہیں تھی ظاہرؔ و مظہرؔ کی بزم آرائی
کہیں نوائے بشیرؔ و جلالؔ کا چرچا
کہیں پہ ثاقبؔ و شعلہؔ کی نور افشانی
کہیں تھا نامیؔ و سوزؔ و کمالؔ کا چرچا

مگر کچھ ایسا ہوا منقلب نظامِ جہاں
چمن وہ اجڑا کہ اس پر نہ پھر بہار آئی
نگار خانۂ پنجاب خوں میں ڈوب گیا
یہ بزمِ شعرِ فلک کو نہ سازگار آئی

تھمی جو آندھی تو دیکھا کہ ایک مردِ حسیب
جلا رہا ہے نئے سر سے پھر چراغِ امید
سجا رہا ہے شبستانِ شاعری پھر سے
دیارِ شعر و سخن میں ہے شوق کی تجدید

یہ اُس کے ذوقِ سفر کی دلیل تھی شاید
کہ ایک شخص سے اک کاروان بن کے رہا
وہ اک کمالؔ جو اس ارضِ پاک سے اٹھا
اسی زمیں پہ وہ اک آسمان بن کے رہا

جو ایک مصرعۂ موزوں بھی کہہ نہ سکتے تھے
اسی کی ہستئ کامل سے فیضیاب ہوئے
ہزاروں خاک کے ذرّوں کو وہ جِلا بخشی
کہ آسماں پہ مہ و نجم و آفتاب ہوئے

مگر یہ جشن، یہ ہنگامہ چند روز رہا
چمن سے روٹھ گیا عندلیبِ خوش گفتار
کہاں سے لائیے اس لعلِ بے بہا کا بدل
اب ایسا پھول کہاں سے کھِلائے لالہ زار

پسِ کمالؔ ہوئی بزم شہر زیر و زبر
عروسِ شعر کی، آنکھوں میں دلکشی نہ رہی
اُسی کے دم سے دیے میکدے کے روشن تھے
پھر اُس کے بعد چراغوں میں روشنی نہ رہی

کمالِؔ شعر و ادب اے اِمام شہرِ غزل
تمہاری یاد کے جب زخم بھرنے لگتے ہیں
تو ہم، جو شرفِ تلمّذ سے بھی رہے محروم
"کسی بہانے تمہیں یاد کرنے لگتے ہیں"

مولانا کمال الدین کمالؔ کی چھٹی برسی کے موقع پر
مورخہ ۱۳ر فروری ۱۹۷۳ء

آہ شکیلؔ بدایونی

وہ شکیلِ نغز گو شعر و سخن کا تاجدار
اس کو اپنے سائے میں لے رحمتِ پروردگار

آج یوں تو ہر طرف شعر و سخن کی دھوم ہے
لیکن اس کی یاد میں سارا جہاں مغموم ہے

بلبلیں نوحہ کناں ہیں دامنِ گل چاک ہے
اس کے ماتم میں جو سویا جا کے زیرِ خاک ہے

شبنمِ گریاں کہیں تو زرد رو، غنچے کہیں
یاد میں اس کی جو ہے شہرِ خموشاں کا مکیں!

گلستانِ شعر کا غنچہ مرجھا گیا
کیسی کیسی صورتیں ہائے زمانہ کھا گیا

نامکمل ہی رہے گی شاعری کی داستاں
گر نہ ہوگا اس میں ذکرِ شاعرِ جادو بیاں

فلم کو جس نے کیا شعر و ادب سے روشناس
شعریت پر جس نے رکھی اپنے گیتوں کی اساس

شاعرِ جادو بیاں تجھ پر خدا کی رحمتیں
اے حیاتِ جاوداں تجھ پر خدا کی رحمتیں

تیرے نغموں کو زمانہ یاد رکھیگا مدام
نورِ یزداں سے دعا ہے خلد ہو تیرا مقام

تاقیامت یاد تجھ کو نسلِ انسانی کرے
"آسماں تیری لحد پر شبنم افشانی کرے"

زندگی

ایک بحرِ بیکراں ہے زندگی
منزلِ وہم و گماں ہے زندگی

ہے کہیں جہدِ مسلسل اور کہیں
مستِ مے آرامِ جاں ہے زندگی

موت کی ہر دم تمنّا کیوں نہ ہو
جان لیوا امتحاں ہے زندگی

اِس کے دامن سے مفر ممکن نہیں
ہر طرف ہر سو رواں ہے زندگی

موت ہے ابدی سکوں کی راز دار
محرمِ شور و فغاں ہے زندگی

پھر بھی یہ سب رنج و غم مقبول ہیں
پھر بھی گلزارِ جناں ہے زندگی

ہائیکو

اور کب تک یہ گھٹن، یہ قید، اندازہ تو ہو
عمر کے محبس کا کوئی ایک دروازہ تو ہو
کوئی آنچل، کوئی سایہ، کوئی آوازہ تو ہو

سانیٹ

ذہن میں در آ کبھی تازہ خیالوں کی طرح
یا اُبلتے خون کی مانند شریانوں میں آ
کس قدر بے کیف ہیں میرے شب و روزِ حیات
منتظر ہیں کِن زمانوں سے دلوں کے سومنات
غزنوی ہی بن کے یادوں کے صنم خانوں میں آ
یوں نہ ہو مجھ سے گریزاں تو غزالوں کی طرح

نئے موسموں کے گلاب

ماسوا اس کے میں کیا اپنے خدا سے مانگوں

مجھ کو اسلاف کا سا دیدۂ بینا ہو عطا
میری تحریر بنے حق و صداقت کی بِنا
مصلحت کوش نہ ہو میرے قلم کی دُنیا

لبِ خاموش کو پھر جرأتِ اظہار ملے
دلِ مرحوم کو صد جذبۂ بیدار ملے
شوقِ گستاخ پئے عظمتِ کردار ملے

نئے موسم میں نیا ذوقِ غزلخوانی دے
خامہ فرسائی کو پھر نقشِ سلیمانی دے
تو گلابوں کو مرے نکہتِ لافانی دے

نوعِ انساں کے لیے شمع کے مانند جلوں
ضو فشانی ہو وہی اور وہی سوزِ دروں
روزِ محشر ترے محبوب سے شرمندہ نہ ہوں
ماسوا اس کے میں کیا اپنے خدا سے مانگوں

۳۱ دسمبر ۸۵ء
یکم جنوری ۸۶ء

خالد کفایت
عصمت منزل بارکوٹا

خالد کفایت کا کلام پڑھئے تو ایسا لگتا ہے کہ اس کی شاعری عصری تقاضوں سے بھی دوستانہ رکھتی ہے اور پل پل بدلتے رجحانات سے بھی اس کی یاد ہے اور اس طرح خالد کفایت ہر اس اچھے رجحان سے بھی استفادہ کر رہا ہے جو ایک نو وارد قلم کار کو منتہی بننے میں مدد دے سکتا ہے۔